바다의 메일

군산시인포럼

## 바다의 메일

───────────

**초판 1쇄 발행** 2024년 06월 05일

**지은이** 군산시인포럼
**펴낸이** 한춘희
**펴낸곳** 지성의 상상 미네르바
**등록번호** 제300-2017-91호
**등록일자** 2017. 6. 29.
**주소** 03131 서울특별시 종로구 율곡로 6길 36,
　　　 월드오피스텔 802호
**전화** 010-5417-1073
**전자우편** minerva21@hanmail.net

ISBN 979-11-89298-67-8 (03810)


**값** 12,000원


* 이 책은 전부 또는 일부 내용을 재사용하려면 반드시 저작권자와
  미네르바의 동의를 받아야 합니다.

군산시인포럼

# 바다의 메일

### 제4집

미네르바

■ 책머리에


유월이다

모내기 끝난 논에는 벼포기에 힘줄이 서고

뿌리에 발톱이 여물어 가고 있다

차창을 열고 들어오는 그들의 관절 쑥쑥

뽑아 올리는 소리가 기세등등 거칠 것 없다

벌판은 끝내 바다로 달려가고 있다

우리 또한 머나먼 바다로 달려가고 있다

그곳은 생명의 발원지요

삶의 현장이기도 하다

무한한 에너지가 거기 있고 우리 꿈 또한 거기에 있다

우리가 바다를 꿈꾸는 것은 원초적

생명에 대한 그리움이기도 하다

인체의 70% 이상이 물이라고 한다면

물은 우리의 심장이요 근육이요 뼈인 것,

나아가 뇌인 것이다

우리의 사유는 곧잘 바다(물)에서 일어나고 詩 또한
바다에서 태어난다

바다가 깊듯 우리 생명의 비밀 또한 깊다

그 신비한 삶의 속 우리 시는 그 비밀스러운 생명 탐구를 게을리하지 않을 것이다

군산시인포럼은 2년 만에 벌써 제4집을 세상에 내놓는다

우리는 부지런했고 그만큼 성숙해졌다고 자부한다

이는 결코 허장성세가 아닌 당당한 긍지임을 확인한다

■ 차 례

**책머리에** _ 010

---

**초대시**

**이건청**　　폭설 _ 20

**김왕노**　　붉은빛 서대 _ 22

**김지헌**　　전어를 굽는 저녁 _ 24

**한선자**　　독해 _ 28

**테마시: 바다**

| | | |
|---|---|---|
| **문화빈** | 에세이를 쓴 고래 | 34 |
| | 장군 섬 근처 | 35 |
| **윤명규** | 바다 생각 | 38 |
| | 바다의 착시錯視 | 40 |
| **이서란** | 째보선창 | 42 |
| | 무녀도 갈매기 | 44 |
| **김차영** | 군산 앞바다 | 48 |
| | 길을 찾아가는 바다 | 49 |
| **김충래** | 치열한 바다 | 52 |
| | 파도 | 54 |
| **나채형** | 바다 4 | 58 |
| | 치열한 바다 | 59 |
| **문화인** | 수평선 | 62 |
| | 바다 | 63 |
| **윤정희** | 그날의 바다 | 66 |
| | 내게 바다는 | 68 |

## 신작시

**문화빈**
- 설렘 절임    74
- 여행    75
- 윙크    76
- 모자    78

**윤명규**
- 민초    80
- 전각    82
- 바람개비    83
- 돈    84

**이서란**
- 마리오네트의 계절    88
- 한 사람    89
- 창槍 혹은 창窓    90
- 앵똥이 랩소디    91

| | | |
|---|---|---|
| **김차영** | 남겨진 손가락 | 94 |
| | 누드 sleeping | 95 |
| | 차영이의 칠월 | 96 |
| | 밥풀때기 | 97 |

| | | |
|---|---|---|
| **김충래** | 모나리자의 미소 | 100 |
| | 劍士와 檢事 | 102 |
| | 서산 삼존 마애불 | 104 |
| | 입과 항문 | 105 |

| | | |
|---|---|---|
| **나채형** | 눈 | 108 |
| | 이슬 | 110 |
| | 입 | 111 |
| | 자네 | 113 |

**신작시**

| | | |
|---|---|---|
| **문화인** | 미인 | 116 |
| | 줄 | 118 |
| | 아픔 | 120 |
| | 칼 | 121 |
| **윤정희** | 물 | 124 |
| | 다리 | 126 |
| | 손 | 128 |
| | 바람 | 130 |

■ 평설 | 바다가 전하는 안부 _ 이송희(시인)    133

# 초대시

이건청

김왕노

김지현

한선자

# 이건청

1967년 한국일보 신춘문예로 등단
시집 『실라캔스를 찾아서』,
　　『곡마단 뒷마당엔 말이 한 마리 있었네』 외 다수
한양대 명예교수. 한국시인협회 37대 회장 역임
목월문학상, 한국시협상, 김달진문학상 등 수상

# 폭설

### 이건청

말들이
떼 지어 달려오더라
진부령 넘어
미시령 넘어, 말들이
달려와
쓰러지더라
무릎을 꿇더라
엎어지더라
겨울 바다는 오라고
오라고, 오라고
손짓하는데
마루턱에서 마루턱으로 허위허위 달려온
추운 날들이
폭설 되어
흩날리는데
일망무제, 수평선 뜬 곳까지 달려온 내 말들이
흔들리는 손짓들 쪽으로 달려와
퍽. 퍽. 엎어지며 흩날려 내리는
겨울 화진포

# 김왕노

1992년 매일 신문신춘문예 시 당선. 『시와 편견』 평론 등단
시집 『백석과 보낸 며칠간』 등 20권
박인환 문학상, 황순원 문학상, 시작문학상 등 수상
글발축구단 단장, 시와 경계 주간, 웹진 시인광장 발행인

# 붉은빛 서대

김왕노

바닥을 박차고 나왔다 장대 끝에서
노을로 꾸덕꾸덕 말라 맛 들어가며
몸은 붉게 물들어 간다.

바닥에 착 달라붙은 밑바닥 생활이었으나
온몸으로 꼬리에 꼬리를 치며
바닥을 차고 오른 것은 일생일대의 혁명
하나 그물을 피할 수 없는 서대였으므로
밑바닥을 쳤기에 아득한 장대 끝에 이르러
온몸에 소금꽃 피도록 바다를 바라본다.

입맛 잃은 세상에 짭조름한 서대찜으로
밥상에 놓인다 한들 한 번 바닥을 치므로
지고지순한 허공에 이르렀기에 후회 없다고
탕탕 큰소리치며 양상군자처럼 허공을
독차지하고 붉게 물들어가는 서대 한 마리

# 김지헌

1997년 『현대시학』으로 등단
시집 『심장을 가졌다』 외 다수
미네르바문학상, 풀꽃문학상 수상

# 전어를 굽는 저녁

김지헌

서쪽으로 가도 좋겠다
연탄 화덕에 전어 올리고
타닥타닥
굵은 천일염 소리 듣는 저녁이라면
고소한 전어의 살점을 나누는
들끓는 저녁이라면

횟집 야외 식탁에서 젓가락으로 바다를 헤집으며
전어를 구워 먹는 사람들
다 받아 줄 것처럼
수평선은 저만치 물러앉아 있다

세상 치욕이 몰려오듯
얼룩말 떼 파도 우레같이 달려들다 몰려나간다
돌아가는 길마저 보이지 않을 때면
바다를 찾는다던 남자
쉼 없이 밀려드는 삶의 파도 앞에서
넘어지고 피 흘리며 여기까지 왔으리라

〈

서쪽으로 가도 좋겠다
들끓는 저녁 바다 앞
간절한 생의 마지막 문장을 위하여

# 한선자

2003년 시집 『내 작은 섬까지 그가 왔다』로 작품 활동 시작
시집 『울어라 실컷 울어라』, 『불발된 연애들』,
『죽은 새를 기억하는 오후』
전북시인상, 한국문협작가상, 전북문학상 수상

# 독해

한선자

독을 품은 연기였다

마주 잡았던 손바닥에 금이 갔다

터널 속에서 비로소
오래 믿었던 마음이 연기라는 걸 알았다

바다로 갔다
온몸에 달라붙은 독을 씻어내고 싶었다

수평선 너머 누군가 버린 것들이 타오르고 있었다

독해가 불가능한 슬픔, 고집 센 주어, 토막 난 12월까지
 바다에 던졌다

타다 만 붉은 잔해들 둥둥 떠 있었다

바다가 자꾸 손바닥을 닦았다

물음표를 물고 다니던 갈매기들이

질문을 쏟아냈다

물음에 독해지기로 했다

# 테마시: 바다

문화빈

윤명규

이서란

김차영

김충래

나채형

문화인

윤정희

# 문화빈

2020년 『미네르바』 추천 등단
시집 『파이($\pi$ )3.141592....』
미네르바문학회 회원
한국문협 회원
전북문협 회원
군산문협 회원

jihen4028@naver.com

# 에세이를 쓴 고래

이불속에서 누르께한 바닷물이 쏟아졌다
삽시간에 침대가 젖더니
놀란 아파트를 삼킨다

바다는 기다렸다는 듯이 숲으로 간다

잠자던 풀들이 일어나고
새는 젖은 날개를 푸드덕거린다

시간이 수평으로 젖는다

수평 위로 부유하는 쓰레기들

에세이를 쓰고 있는 고래의 사색이 깊어진다
화가 불길처럼 치솟아
백스페이스를 누른다

모든 것들이 화면에서 지워진다

온갖 것들이 태초의 순간으로
되돌아간다

## 장군 섬 근처

마을 사람들이 잘 가지 않는
장군섬 근처까지 가서 주낙을 폈다

왕창 잡으면
청소기도 사 주고
샌프란시스코 현대미술관도 보내주고

파도 더미가 현측을 사정없이 후려친다
선체는 주낙의 방향과는 전혀 딴 데로 튕겨져 나간다

멀리 갈치밭에
수십 척 떠 있는 주낙배의 어화 불빛이
나를 안쓰러워한다

바다가 말을 듣지 않는다
바다가 나를 거부하고 있다

# 윤명규

2020년 『미네르바』 추천 등단
시집 『허물의 온기』, 『흙의 메일』
미네르바문학회 회원
한국문협 회원
전북문협 회원
군산문협 회원. 이사
(현재) 농부이면서 사무자동화장비 법인 회사 경영

## 바다 생각

냉장고 문을 열면
주둥이 큰 유리병에 마른 멸치
마른 숨 몰아쉬며
입김을 뿜어낸다

선사시대 무명의 미라처럼
썩지 못할 주검으로
고물고물 뼛가닥을 세우고

청천을 등지던 학꽁치
휘파람 불던 뿔소라
등 곧게 아직도 탁한 물살 헤치고 있을까

대양의 파도 소리
굳게 덮인 뚜껑으로 결박한 채
죽음의 무게를 더듬고 있다

하고픈 말들이
목줄기를 타고 오르다 터져
숨통마저 끊겨버린 것일까
〈

뒤틀어진 엽기적 주검들이
김 서린 유리병을 두들기며
고향을 소환한다

## 바다의 착시錯視


무슨 일로 햇살은 조각조각 깨어졌나
수평선에 부유하는 태양의 살점들
포충망 휘저으며 바람은 달려오고

아직 잡을 그 무엇이 있기라도 한 것일까

잡힐 듯 잡히지 않는 황금 깃털
그물코를 **빠져나간다**

주저앉고 싶기도 했을 텐데

꺼지지 않는 욕망의 무게가
도대체 얼마였길래
몸뚱이 깎이는 줄 모르고 있을까

추락해 익사한 하늘이
그보다 더 짙게 젖는 오늘

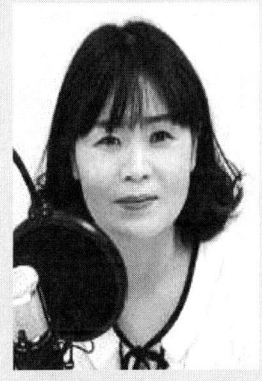

# 이서란

군산대학교 교육대학원 국어국문학과 졸업
2021년 『미네르바』 추천 등단
시집 『별숲에 들다』
미네르바문학회, 청사초롱문학회 회원

## 째보선창

불 꺼진 항구 위를 또각또각 걸었다

갈치찜 냄새가 바다를 간지럽힌다
바다는 커다란 택배 상자라는 생각
혹은 거대한 어항
어항은 해물탕을 끓이는 냄비일까
봉인된 테이프를 한 겹 벗겨낸다

노곤함은 휘우듬 포물선을 그려 넣고
너울거리는 심장 소리가 수평선에 맞닿아
나와 만나는 곳, 마음을 들여다보며
혼자 출렁이기 좋은 날

가령, 믿었던 사람에게 배신을 당했다든지
사랑하는 사람과의 이별을 고했다던가
상처 때문에 뜬 눈으로 날을 샐 때
사람이 싫어져 숨어있기 좋은 장소를 찾을 때
불현듯, 울퉁불퉁한 마음으로 심란해질 때
그곳에 가보라

뒤엉킨 실타래 풀 듯 먼 바다로부터

심장으로 전력 질주하는 파도가
가장자리로 달려온다
힘들어도 사람과 부대끼며 살아야 한다는 듯
가스레인지에 불을 댕길 때마다
졸아든 국물에 바다 육수를 부으면
전성기 때의 함성이 들리는 듯하다

낡은 바다를 시침질하는 동안
미지의 세계, 세계와 내통하는 우리는
갯벌에 빨간 구두 하나 정박해 놓고
쉽게 출항하지 못한다

# 무녀도 갈매기

더 끄슬릴 것도 없는 얼굴을
햇빛 가리개로 가린
동티모르의 사나이

길을 묻는 말에 애써 피하며
그쎈미소*로 땀방울을 흘리면서
찢어진 어망을 깁고 있다

옆에서는 집게다리를 높게 들며
괴발개발 그물 사이를
헤집고 다니는 달랑게가 재바르다

바다가 겨우 뭉쳐놓은 모래성 위에
노을 한 조각
물고 날아오는 갈매기

살림살이는 나아지기는커녕
하얗게 질린 파도 발자국만
덩그러니 통장에 찍혀있다

밀려오는 그리움

휴대전화에 내장된 두 살배기 아들
얼굴 위로 주르륵 쏟아진다


* 그쎈미소: 눈은 웃지 않고 입으로만 웃는 모습, 가짜 미소

# 김차영

2021년 『미네르바』 추천 등단
시집 『미이라의 술』
미네르바문학회 회원
군산문협 회원

banjand@hanmail.net

## 군산 앞바다


갯벌의 몸을 씻기는 너는
언제나 탁류였어
그래서 도무지 너의 속을 알 수 없는 유년이였지
나의 피가 파도처럼 출렁일 때
갯벌 너머의 섬에 가보았지
배가 선착장에 닿기 전
나는 처음으로 너의 뱃속을 보았어
어린 광어가 아장아장 걸음마를 시작하고
다시마가 너울너울 춤을 추는 모습이 환하게 보였지
물속 몽돌들의 노랫소리
갓 태어난 우럭이 엄마를 부르는 소리도 들려왔지
그때서야 알았어,
하루에 두 번 정성스레 목욕하면
투명하게 보인다는 걸
나 또한 사랑하는 사람 앞에서만 씻기로 했어
내 속이 다 보이게

# 길을 찾아가는 바다

실개천에 태어나
강을 지나 바다로 나가 보았다

섬으로 가는 길은
빛 한 점 들지 않는 심해의 터널

바다가 환해질수록 쌓이는 어둠,

투잡, 쓰리잡을 해도 멀어지는 섬
성장하는 물고기 포기부터 배워
삼포, 오포, 칠포 세대로 이어지다
다포 세대가 되어가는 요지경 바닷속

그 속에서
남이 아닌 내가 되어
하찮은 조개껍질을 모으며
나만의 바닷길을 만들어가고 있다

# 김충래

2022년 『미네르바』 추천 등단
미네르바문학회 회원
군산문협 회원

kcraida@daum.net

## 치열한 바다

소리치며 파도는 달린다
닿았다 사라지는 거품 같은 내일
너를 붙잡기 위해 저 멀리에서
멍든 몸을 넘고 넘어 처절히 사무친다
고비마다 부서지고 깨지면서
다가서면 돌아보지 않고 늘 그만큼의 거리로 도망치는
끝나지 않는 전쟁
술래 같은 널 잡으려 달려들면
모래 속으로 모레로 가고
글피로 사라진다
가까이 있지만 결코 오지 않는 너
어제를 부정하며 오늘도 미친 듯 뛰지만
끝은 늘 허무에 찬 미지수

오기로 약속했지만 끝내
오지 않을 두터운 내일이라 해도
포기는 없다 파멸될지언정*

잃어버리는 게 아니다
놓아 주는 것이고
지나가는 것이며

잊어버리기 위함이라고
애써 넘실대며 내일을 향해
오늘도 쉼 없이 짠 눈물에
쓸 말을 찾아 흐느낀다


\* 헤밍웨이의 노인과 바다에서 차용한 말.

# 파도
– 페이드인* 아웃*


수십만 마리 말들
쪽배 같은 달 앞세우고
아득한 곳에서 구름과 노닌다
수만 마리 말들
아지랑이 일으키며 무지개 타고
저어 저어서 온다
수천 마리 말들
앞말의 등에 올라 타
부딪치며 부서지고
수백 마리 말들
어깨동무 함성 지르며
부딪치며 부서지고
수십 마리 말들
갈기로 세월의 등을 갈기면서
부딪치며 부서지고
한 마리 말
잠시 눈 맞추다가 모래 속으로
자지러지며 꼬리가 보이지 않는다

벌레 먹은 나뭇잎 배 같은 말
재갈을 물리고 고삐를 당겨도

사라지는 피, 짜디 짠 땀, 눈물 한 방울, 물거품

수십만 마리 말들
흩어지는 순간
말 터에는 다시 태어난 말들
부딪치며 부서지고


* 영상이나 음악을 들을 수 없거나 볼 수 없는 것을 보고 들을 수 있도록 조정하는 것. 반대로 조정하는 것을 페이드 아웃.

# 나채형

2021년 『미네르바』 추천 등단
시집 『사막의 보트타기』
미네르바문학회 회원
군산문협 회원

rahee5696@naver.com

# 바다 4
– 간월도


얼굴 모양
이상 표정이 다르듯
물의 깊이 결이 다르고
소리 높이도 모두 달랐지만

심장을 담은
파도 소리의 느낌은 모두 같았어

사람이 만든 바닷길에
새들이 모여 살고

제비꽃 향기를 품고 있는
온기를 느낄 수 있었지

익어가는 표정들
바이올린처럼
내 곁에 값진 사람으로 남았으면...

## 치열한 바다
-바람의 언덕


그곳엔
피아노곡 은파가 거닐고 있었어

상상의 문이 열리면서
도량을 가지고 봄으로 가자고 했지
코발트블루색의 바다
청량함이 뜨거운 심장을 다독여주었어

오랫동안 기다려 준 오렌지레몬나무
상큼한 라임이 바구니를 가득 채워 주었고
하와이 古저택을
위스키 잔에 담아 나누어 마셨지

넘치지도 모자라지도 않는 기도

돌고래 떼
건반 위에 올려 있었고
내 손엔 우쿨렐레가 튕겨지고 있었지

-당신이 있었기에 오늘의 우리가 있습니다-
〈

옹색한 시간을 견뎌온 생명
치열한 바다에서 헤엄쳐 건너 온 지금
봄이 왔다고 너울너울 춤을 추고 있어

# 문화인

2012년 『한국시』로 등단 및 대상 수상
2024년 『미네르바』 추천 등단
시집 『언젠가』
군산시인포럼 회원

munwhain@naver.com

# 수평선

늘 흔들리는 몸
늘 방황하는 마음

멀리 달아날까 봐
바람 불면 더 멀리 날아갈까 봐

생을 지상에 꼭꼭 묶어놓은 선
고무줄 하나

흔들리는 바다에 늘었다 줄었다
몸을 재단하듯

눈물을 닦아주고
보폭을 맞추며

긴 세월 홀로 가는 바다를
꼭 안고 있다

# 바다

숨 막힐 듯
광활한 푸른 서고 앞에 서서

발아래 던져준
하얀 종이 조각 한 줌
집어 든다

어디로 갔을까
손바닥에 온통 눈물자국만 남겨놓고서

새들이 분주히 눈물방울 물어 공중에 펼쳐놓았네

읽어주실래요?

# 윤정희

2016년 『문파』로 시 등단
2017년 『문파』로 수필 등단
시낭송가
한국문인협회 회원

cosmos7353@daum.net

## 그날의 바다

하나의 배경이 되고 싶은
그런 날이었다.
바닷가를 거니는
모네의 양산을 든 여인이 되어

은빛 잔물결이 노를 젓는
억겁의 시간 위에 흔들리는 배
해풍에 그을린 낯선 사내
맨발에 다부진 몸짓
생의 그물에 걸린 야성이
날 생선처럼 펄떡였다.

바다가 펼쳐 놓은 풍경 속으로
흠뻑 젖어드는 내게
눈에 익은 사내는 뱃사람 앞에선
낭만을 말하지 말라
속, 뒤~ 빈다고~!
목숨 걸고 배 띄워 갯바람에
살 터지는 그날그날이
뱃사람의 삶이라고…,
〈

거친 산맥을 넘어오다 지친 바람처럼
한, 호흡을 내려놓은 사내의 눈에
육신이 농기구라던 아버지모습 얼비쳐
설움처럼 붉어지던 하루.

절로 나는 들풀처럼
달려드는 그날의 바다
지느러미를 흔들며
세월의 후미를 치고 든다.

# 내게 바다는

백천 지류가 바다에 이르듯
바람 잦았던 세월도
너에게로 향한 몸짓이었지

퍼내지 않고는 어쩔 수 없는
가슴에 넘치는 샘물
무수히 별을 적셔도
너의 두레박 끈은 늘 짧기만 하고

먼 물금자리에
홀로 떠있는 섬처럼 속내를 꽁꽁 싸맨 너
난, 떨어져 나온 유빙처럼 휘돌고 있었어

오랜 기다림에 들피진 몸
때론 나만의 동굴에 갇혀
온몸에 비늘을 뜯어내는 동안

쉼 없이 꼬리를 흔들어대던 앙칼진 바람
너의 깊이를 재단裁斷하고 있었지

긴 만행에서 돌아온 수도승처럼

가늠할 수 없었던 무심
어제도 내일도 아닌, 숨 고른 오늘만큼만
가슴을 질러오는 해빙선 고동소리

느직이 열린 귀
마주한 떨림으로
고적한 그믐 바다를 건너고 있었어

# 신작시

문화빈

윤명규

이서란

김차영

김충래

나채형

문화인

윤정희

# 문화빈

**설렘 절임** 외 3편

# 설렘 절임

나무에게 썸은 스캔들이다
어떻게 잎에게 아니라고 해
줄기를 속일 수 없잖아
뿌리가 더 많은 걸 알고 있는데
이미 입처럼 떨고 있는데

나무에게 설렘은 광합성 때문이다
설렘 절임처럼
충분한 설렘으로 스며들어야 해
설렘이 사라지면 소들소들 말라갈 거야
그 작용으로 뭐든 첫마디가 생성돼

시집을 내면 세상이 깜짝 놀랄 줄 알았지
그런데 아무도 몰라서 깜짝 놀라

그건  단지 내 설렘으로 일으킨 광합성일 뿐이야

# 여행


캐리어에 돌아보지 말자를 챙긴다

*약해지지 말자*
*그동안 애썼어*

이국적인 풍경이 방으로 밀려든다

커피 물을 끓인다
드립 포트에 물을 붓는다
야채수프도 좀 준비해야지
딱히 먹고 싶은 생각은 없지만

여유가 도둑처럼 들어와 사방을 샅샅이 뒤진다
빛은 보슬보슬 내리고
커피향기는 난동을 부린다

인생은 기껏해야 하루에 불과하다던데
늘 구름만 드리울까
너무 걱정하지 마

# 윙크

목련꽃에게 던지는 땅의 윙크
패션 우울증을 걸치고 바라본다

보자마자
산통이 일어난다

봉긋 젖무덤이 비친다

목련나무가 산파도 없이 새를 낳는다

나도 호모 프롬프트*가 되어
명령어를 낳는다

동정녀 마리아와 같이 성스러운 분위기
그러나 파도는 거칠게
서핑보드를 탄 하얀 종이배
그 위에 앉아서 비를 맞는다

패션 우울증을 걸치고 있는
새

화면이 접히고 레테의 강물을 마신다


* AI 시대에 요구하는 인간형.

## 모자

나는
막내로 태어나 귀염을 받았다
그러나 심심함이 부록처럼 따라다녔다

텅 빈 마당에서
지나가는 개미를 건드려 보다가
소쿠리를 뒤집어쓰고
누렁이에게 지어낸 이야기를 들려주었다
장화 신은 딱정벌레 이야기

그때 눈을 끔뻑이며 내 말을 듣던 누렁이는
우리 집 가난을 혹처럼, 달고 다니다가
별이 되었다

가난을 얼기설기 꿰매서 입는 우리 집을 탈출한 것이다
손 있는 날이었다
그날 밤에도 나는
누렁이가 UFO를 타고 떠났다는 생각을 지었다

이제 누가 내 이야기를 들어주지
그것이 제일 걱정되는 밤이었다

# 윤명규

**민초** 외 3편

## 민초

베어져 스러지는 풀들을 보라
갈가리 찢긴 조각들이 하늘로 솟구치다
다른 풀들의 품 안에 떨어져 안기고
그들을 껴안은 풀들도
다가올 운명의 무게만큼 허리를 꺾는다

어린 멸치 숨결 같은 것들
결코 생을 구걸하는 법이 없구나
보리밥처럼 눌어붙은 울혈만이
소리 없는 비명을 털고 있다

이름 모를 들꽃과
개고사리, 나팔꽃들도 섞여
의연히 죽음의 칼날을 기다린다

목을 쑥 뽑아 잘리면서도
풋풋한 풋내를 뿌리며
감싸듯 받아주고 그도 스러지고
우는 듯 웃는 듯
몸 조각을 나부끼는
죽어도 죽지 않는 저 이름들

〈
고사리 손 잘라지고
나팔수 사라지면 그 누가 나팔 불어
새벽을 일으킬까

# 전각

나의 손바닥, 발바닥엔
생의 굴곡이 음반처럼 새겨져 있다

가파른 등고선 한켠에 풀 죽은 아버지가
보릿가마처럼 앉혀져 있고
그의 아버지 아버지가 전축 바늘 튀듯
톡톡 빈곤의 굴레를 찍고 있다

흙의 꼬리만 미행하다가 눌리고 긁힌 삶
내 자식의 자식도
어느 한 곳에 각인되어야 할
한 치의 어긋남 없는 촘촘한 목록

깊게 패인 등짝이
갯버들 그늘보다 더 짙어질 때
뜨겁게 속숨 몰아쉬며
내 안의 장막을 걷고는
음표 가득한 자서전을 펼치겠지

어깨 시린 바람 불면
진국 빠진 새우대가리 같은 나의 이력들
바늘로 직직 긁어 소리 꽃을 피울 거야

# 바람개비


휘발유 같았던 사람이었지
물러서는 법이 없었으니까

술자리에서의 술잔 놀림이
산 다람쥐 밤톨 채가듯 번개 같았고
급한 만큼 먼저 취해 하늘에 누워
세상을 감았다 풀었다
빙글빙글 돌리면서 바람의 근육을
떠내고 있었으니까

세상의 여자들이 다 내 것이라고
얍실한 주둥이로 풀무질하며
허우대는 장승같았던 허풍선이 그 진상

달궈진 바람까지 퍼먹다가 광란에 취해
거꾸로 서서 발톱춤을 돌려대던 사람

아직도 그 핏줄 궁창에 남아
휙휙 세월을 썰어내고 있는데
거기 작은 균열들
덥석덥석 실그물을 짜고 있다

# 돈

구멍 숭숭 뚫린 복공판으로
까치집처럼 칸막이 지른 2층 트럭이
돼지를 가득 싣고 도로를 질주한다

꽃가마 탄 생전 처음 외출
목적지도 이유도 모른 채
휩쓸려 넘어졌다 일어서고
휘청 또 넘어지고

구멍으로 본 세상길
태평양처럼 넓고 푸르르다

철모르는 녀석들은
소풍 간다고 꺽꺼걱 헐헐헐
엉덩이 씰룩씰룩 좋아 야단인데

무리 중에 운명을 예감한
녀석도 있나 보다
누렇게 익은 울음소리가
아스팔트 도로에 떨어져
맥놀이 아지랑이 켜듯 꼬리가 길다

〈
피 뜨거워 콧구멍이 서걱거리던 그 시절
죽는지 사는지 모르고 날뛰던 때
나도 있었다

이서란

**마리오네트의 계절** 외 3편

# 마리오네트의 계절


물컹한 계절, 자작나무 숲
그 집에 저녁이 당도했네

불청객처럼 예고 없이 찾아온
헐렁해진 생의 무게만큼
먼 바다를 거슬러 온 입꼬리 곤추세우고
둘레를 걷기 시작했어요

비에서는 단백질이 빠져나가고
주름이 자작자작 자라는 집
고장 난 나무에서 낙과가 떨어져요

집을 열면 밤은 뿌리처럼 깊고 캄캄한데
비는 나를 말리고, 나는 집을 말리고 있어요
당도했다는 소식
귀 닫고 싶어요

계절은 이제 시작이에요

# 한 사람

책 한 권을 읽는데
족히 십 년이 넘게 걸렸습니다

겉표지에 난 수많은 칼자국
제목의 글씨는 상처로 얼룩져
어떤 글자였는지 분간하기 어렵지만
버릴 수 없는 애정 어린 책

서로에게 스며들기 위해 뒤척이던 시절
서로를 몰라 마구 찔러대기만 했지
언제부터였을까
고슴도치처럼 가시를 펴 들고

다가서면 심장을 찌르는 통증
알았습니다. 우리는 혈통이 다른 족속
한계에 다다를 때까지 경청하는 방식으로
헤진 책 한 권을 건너갑니다

## 창槍 혹은 창窓

마음에 때가 끼고 부도가 났다

뭉클, 움츠렸던 순간
함박눈 내리는 소리가 심장을 찔렀다

빈 노트는 빙설을 붙잡고 산란하려 했던 울혈
까닭 없이 실어증에 걸렸다
어깨를 누군가에게 내줘본 사람은 알 것이다

서러움은 목울대까지 부서져 솟구쳐 올랐다
상처 속에 나를 감추고, 소리 없이 창窓을 열었다
깊은 역사가 낡은 그릇처럼 이가 빠진 채
금 간 사이사이로 엣지있게 스며들고 있었다
창窓에 서린 시간의 서사를 자근자근 정독한다

시선이 닿는 곳마다 여전히 폐포가 열리고
접힌 마음은 펴지지 않았다
어느새 눈발은 서툰 스타크래프트처럼 쌓이고
구겨진 노트에 빈 발자국을 찍어가고 있었다

# 앵똥이 랩소디


는개 같은 발가락을 감싸고
명주실처럼 매달려 돌고 도는 사랑 앵무새
눈이 딱 마주친 순간,
새의 발끝에 매달려 있는 우리는 누구입니까

심심함은 깔끔하고 단정해서 냉혹할 때도 있겠지

딸랑구*의 동생이 되어 입양해 온 앵똥이**
어찌 되었든 미지의 가족은 탄생했었지

새에게 날개가 있었던 날
지저귀는 두 발로 등고선을 따라
톱니바퀴처럼 맞물려있는 숲을 가르며
골짜기마다 득음을 선사했다
종일, 빈 하늘을 여백처럼 채웠었다

낯선 행간들의 밑줄을 쫙쫙 그으며
앵똥이의 어법에 슬쩍 속내를 드러내기도 했지만
해독할 수 없이 주절대는 구절에선
환하게 웃어주면 그뿐
〈

많은 생명이 태곳적 비밀을 숨겨두고
이쪽 생에서 저쪽 생으로 유영하는지 난해하기만 한데
내 몸 안을 들락날락하는 새 한 마리
보랏빛으로 온몸이 물들도록 아픔을 어떻게 견디려 했을까

정녕 가족을 가족이라고 말할 수 있을까?

능선 같은 우듬지를 돌아
허벅지를 단단히 키운 동백나무
부러, 동백꽃 잎 한 자락 끌어다
두 발을 덮어주었다


* 딸랑구 : 딸을 이르는 전라도 지역의 사투리.
** 앵똥이 : 집에서 키우던 사랑 앵무새 이름.

김차영

**남겨진 손가락** 외 3편

# 남겨진 손가락

식탁에 놓인 포크가 유년을 깊숙이 찌른다
미군부대에서 나온 쓰레기더미 속 찾아낸 포크
발 두 개를 휘어 대나무 끝에 매달자
서슬 퍼런 창이 되었다
동네 아이들의 부러운 시선은
우쭐한 들녘을 사정없이 찔러
새끼줄에 개구리 줄줄이 꿰어
으스대며 대문을 들어선다
마당에 뛰어놀던 암팡진 암탉의
고고고하는 암구호에
소대 병력쯤 될 것 같은 어린 닭들이
발밑에서 스크럼을 짜 헹가래를 태운다
잡아온 개구리 푹 삶아 쌀겨에 버무려 노나주면
토실토실한 옆집 영숙이가 되어가는 닭을 보고
가난했던 얼굴에 꽃을 피운다
경운기 벨트에 잘려나간 손가락 두 개가 유난히 짧은
삼지창 같은 아버지의 왼손이
나의 머리를 쓰다듬었다

## 누드 sleeping


여섯 살에 도통한 방앗간 집 둘째 딸
빠끔살이 가래떡 저녁을 먹이고
잠잘 시간이라며
홀랑 벗고 이불 속으로 들어오라던 가시내
때가 잔뜩 낀 배꼽이 창피해 달아나려다
볏짚단 속에서 튀어나온 생쥐가
왼발의 검정 고무신을 물고 놓아주지 않는 그날 같아
엉엉 울은 적이 있다

폐렴으로 이승과 저승을 넘나들 때
헛것이 보였다
저승에도 돈이 필요한지
먼저 간 재벌이 뒤따라온 졸부에게
돈 좀 빌려달라며 애걸하자
돈 없다며 빈 주머니를 까 보이는 게
3D 영상처럼 너무나 환하게 보였다

그 모습에
여섯 살 방앗간 집 가시내도 아는
잠잘 땐 알몸으로 자야 된다는 걸
이순이 되어서야 알게 되었다

## 차영이의 칠월

해 질 녘 모깃불 피워 놓고
멍석 위에 둘러앉아 별을 먹던 시간이
절룩이며 걸어온다

마당 한쪽에 가마솥 걸어 놓고
사자자리 전갈자리 북극곰의 꼬리별까지
모두 잡아 솥 안에 넣는 어머니

허기진 배 부여잡고
배부른 달 쳐다보며 마른침을 삼키면
달의 살점을 한 움큼 떼어내
질그릇 같은 손 그림자로
우주의 성찬을 짓던 어머니가
별이 되어 먼 행성으로 떠난

칠월이 오면
별빛이 살 속에 그리움으로 파고들어
그 슬픔 더욱 단단해지는

## 밥풀때기

온 가족이 둘러앉은 식탁에
세 살 된 손녀의 식사를 돌보는 할머니
손녀의 입가에 매달린 하얀 별을 따다
가만가만 손녀의 입에 넣어주자
싫다고 도리질을 한다
어르고 달래도 보지만
울음으로 맞서는 아이
해바라기 같은 손녀 얼굴에 반짝이는 은하수
모조리 따 자신의 입안에 쓸어 넣으며
쌀알처럼 쌀으르 웃으시는
겨울 들녘 같은 할머니

김충래

**모나리자의 미소** 외 3편

# 모나리자의 미소


간밤에 폭식을 했을까

얼굴이 부풀어 오른 우울한 미소
풀어진 머리카락으로도
감출 수 없는 뚱뚱한 조소
다이어트에 폭망한 애잔한 냉소
풍성한 가슴속으로
숨기고 싶은 그늘진 웃음
차오르는 숨을 복근으로 조이며
평온을 가장한 실소
보여줄 수 없는 두꺼운 나체에
식탐을 후회하는 썩소
있는 듯 없는 듯 면사포 같은 옅은
눈썹에 감춰진 고소
가식적으로 흘리는 인위적 눈웃음
두 손으로 감춰진 출렁출렁
뱃살의 독소

입가에 흘리는 가소假笑는
식곤증일까 춘곤증일까
웃는 게 웃는 것일까

점잔과 여유는
어디서 나오는 것일까

## 劍士와 檢事

칼을 입에 물고 한판 굿을 벌인다
시퍼렇게 춤출 때마다 곤두선 날
선무당의 놀이에 작두날은 오금 저리고
어느 장단에 절을 해야 할지
칼끝만 노려보는 백성

道와 刀,
檢과 劍을 구분하지 않고
전가의 보도처럼 휘두르니
공기조차 눈치채지 못하게
땅바닥으로 납작 기는 영혼들

칼자루 쥐고 흔들며
檢查하면 다 나와
도마 위에서 난도질이니
움푹 패이는 양심들
뿔을 숨기며 고개 숙인다

담금질하며 칼날을 갈고 있는
칼잡이들의 진검승부
검사들 사이 굿이나 보고 떡도

못 챙기는 구경꾼들
날 선 입들의 전쟁 속에서
움츠리며 떨고 있다

## 서산 삼존 마애불


울 수 없게 태어나서
우는 방법을 모르지만
울지 않아도 삼키는 눈물
묵묵히 슬픔을 참는다

보는 중생마다
온화한 백제의 미소라 일컬어
흥망사에도 태연했지만
조금씩 망가지는 세월에
찡그릴 수 없어 웃는다

속이 시커멓게 멍들어도
미소만 띠며 천오백 년을
맨손, 맨발로 서 있는
탐진치의 삼존불

속울음 들을 수 있는 부처를
기다리며 또다시 천년
맨몸으로 삼매경에 들지만
문드러지는 눈 코 입
풍경 속에 내 몸도 웃음을 잃은
마애불로 가고 있다

## 입과 항문


똥구멍이 웃을 때까지
살지는 않을 거야

괄약근을 오물거리는 입
말하듯 뱉어내는 항문 사이에서 살고 있는 나
들어가는 밥에 나오는 똥
인풋과 아웃풋이 다를 뿐
똥은 밥이다
그러니까 첫은 끝이고
끝은 또다시 첫이다

미주알고주알 따져봐도
화를 부르는 게 입이라면
근심을 푸는 곳은 항문이다
출발점에서 종착지까지
꼬불꼬불한 외길
그 길 끝 똥꼬에 악력이 삶과 죽음이려니
힘주어 살지어다
피리 부는 똥구멍의 연주가
바람 새지 않게
〈

입이 바짝 타거나
똥구멍에 불이 나지 않도록
밑을 샅샅이 보며
굵고 튼실한 똥을 만들기 위해
오늘도 입조심

# 나채형

**눈** 외 3편

# 눈
– 바다


손에 든 4b
탱탱하게 부풀어있던 허상들을
담백하게 그리고 있었어
그때 알았지
초심을 잃으면 안 되는 것을

인스파이어*
– 머리 위에 바다가 있어요

웅장한 건물에 음양의 조화
발렌타인을 마신 해초 하늘하늘 춤추고
돌아버린 돌고래 떼를 이루어 다가왔어
에스프레소 카페인에 취한
가오리 무리 지어 지나갔었지

느린 걸음의 금강하구
고즈넉한 겨울바다

살아온 시련만큼 곁을 내어준
갯내음 시각으로 맡아보고
촉촉한 갯벌은 초월의 세계로 다가와

살얼음 속 생명들에게 말을 건네고 있었어


* 인스파이어: 인천 영종도에 있는 인스파이어 리조트.

# 이슬

초록빛 들녘 오솔길에
시간을 다듬어 사색을 좋아했어

네 잎 클로버를 찾으며

세 잎에 맺힌 맑은 아침
영롱하게 피어있던
토끼풀꽃 되었지

창가에 온종일 햇빛 먹은 카라
어둠이 차오르면 밤새워

생명의 눈망울
온 잎에 고귀하게 끌어 앉고

넘겨지는 숫자의
건반 따라
맑은 선율을 남기고 있어

또 하나의
가을을 보내기 위해서...

# 입


질퍽한 오물 위로
바쁘게 달리던 수레바퀴

비릿한 새우 삭는 냄새
흥정하는 상인들의 아우성
째보선창을 지나
서래포구 물문다리 귀퉁이길

널브러지게 폈다 버려진 검불
흙더미 사이로 드러낸 바다의 민낯

검푸른 뻘 위로 몇 척의 폐선
닻을 내리고 있다

짭조름 바닷물
갈매기 떼 날아와 빠른 발길질 한다

닻은 커피숍 벽면에 장식품으로 걸려 있다

아릿한 그리움의 파편들을
커피 향에 실어 마셔본다

〈
지나간다는 것은 남루한 색상에
흐릿해진 선을 긋는 일

비린생선 냄새와 황금색 오물의 구릿함
묵직한 어둠과 정적 속에
다 낡은 스케치로 남아있다

# 자네

사파리 투어 끝나고
레드와인 두 잔은 러브 샷을 했다
화려함에 익숙하지 못한 러브 잔
노랗게 번져가는 꽃 고개였다

할미꽃 피어난 기념으로 얻은 선물
그리스, 터키여행

카파도키아 높고 작은집 동굴수도원
기도제단과 생활공간 한켠에
관하나 들어갈 무덤 자리가 있었다

삶 속에 생생했던 아픔의 흔적들
그 무덤엔 누가 묻혔을까
잠시 멈춰서 훈김을 느껴본다

천년을 흘러온 전율이 파동 친다

단절된 시간을 걸어가는 크루즈
불빛에 취해 불그레한 볼의 주름이 무게를 준다
〈

남자에게도 할미꽃 피는 금요일
– 어이 이 사람아 밥 줘 배고파

부시덕 거리며 살아온 그 너물에 그 밥의 사랑
생각의 상자 속 잔소리가 든든한 버팀목
연리지 되어 서로 부둥켜안고 있다

# 문화인

**미인** 외 3편

# 미인

호주머니에서 꽃씨들이 우수수 떨어진다
웃음소리 팝콘처럼 터지고
그리운 기억들 유리구슬로 튀어 오른다

걸음마다 폴폴 꽃눈이 날리고
치맛자락엔 햇살이 누워 재잘대는
그녀에게선 바람 냄새가 난다

어제는 꽃씨들이 배달되었다
수선화 히아신스 물봉선 튤립
비와 구름이 산모퉁이에서 부활을 모의하고

삐뚜름 구름모자 발걸음이 바빠진다
노랫가락 묶어 꽃씨를 치장하고
초록의 춤 개켜 침대에 걸쳐 놓는다
길 어귀마다 햇살로 등불을 사르고

뜨거웠던 지난 계절이 세월에 닳아
점이 된 작은 꽃씨들

바람개비처럼 돌아 돌아

손에 안겨 나비로 날아오른다

저녁 하늘이 곱게 물든 날이면 노을 속에서
꽃들의 이름을 부르는 그녀의 목소리 분주하고

다음 날 아침이면 그녀의 꽃밭에는
도란도란 노을 닮은 예쁜 꽃들이 피어있었다

그녀의 낡은 가방 속에는 꽃들이 산다

# 줄

줄 속에
가쁜 숨이 있어

민들레 꽃씨 눈을 뜨고
초록 꽃대를 올린다

그 속에
쉴 수 있는 작은 집이 있어
자동차 바퀴가 구르고
수다를 떨고
노동을 키운다

눈물과 웃음이 정겨이 흐르고
아이들은 골격을 키워
빠르게 길을 떠나고

붉은 해 서녘 하늘에
살아온 색을 펼쳐
서둘러 물기를 거두는 시간

줄 속에

산부추 흰보라꽃 같은
가녀린 줄이 있어

눈물의 인연 풀어놓고
바람의 굽은 등을 넘는다

## 아픔

길을 잃었나

내 앞에 굴러온

**빨간**
사과 한 알

어디서 온 줄도 모르는데

꽃이
어떻게 진 줄도 모르는데

아스라이
붉은 서녘 노을 한 점 흐르고 있다

# 칼

칼의 유혹이었다

노래라 했다
춤이라 했다

세발자전거 탄 은빛 유년은
잃어버린 바람개비 찾아
어둔 골목 속으로 서둘러 떠나가고

하얀 자운영 꽃으로 온 청춘은
고된 고립을 두건처럼 두르고
꽃잎이 지기도 전 말라갔다

벽이었다
길을 찾지 못하고
출구 없는 문 더듬으며
벽 속의 벽에 갇히는

공중의 칼 날 위에서
상처는 상처 위 새 살을 만들지 못하고
〈

검푸른 천 길 물속 숨은 외줄 찾아
어둠은 바람을 몰고 홀로 짙어지는데

깨어있음이라 했던가
굽어지며 흐르는 시린
물같이

세월도 집처럼 낡아 기우는데
나에게는 내가 칼이었다

# 윤정희

**물** 외 3편

# 물
- 낮음에 이르는


지 잉 징 징 - 종일 산이 울었다

어느 한 서린 영혼의 몸부림일까
풀어헤친 시커먼 머리채를 바람이 휘감아
산허리에 주저앉혔다
온몸 비틀어 산은 울컥울컥 토악질을 해대고
벌컥대는 계곡은 숨차 올랐다

밤이 깊을수록 먼 곳의 소리 또록또록 귀밑에 돌고
산사의 밤은 활 맞은 짐승처럼 으르렁댔다
하루 내 자개바람이 일던 노 보살
뒤척이는 신음소리는 문자 없는 염불삼매
어둠을 밀쳐댔다

바위에 걸쳐 놓은 선녀 옷, 나무꾼은 오지 않고
부스럭거리는 다람쥐에 깜짝 놀라 가라앉았던
유리처럼 맑은 물속엔 숨으나 마나
하늘이 담기고 낙엽 위에 소금쟁이 실바람에
흘러 다니고 가재랑 물방개랑 함께 놀던 곳

밤새 개워낸 새벽 골짜기는 쑥대머리에

뼈골이 드러나고 안색이 창백했다

어둠의 냄새가 물씬한 웅덩이에는
이리저리 뒤채이며 퍼런 멍이 든 물이
퍼질러 앓고 있는지, 또 다른 음모를 꿈꾸는지
간간이 잔물이 인다.

왈칵!
달려든 바람이 갈잎들을 떨궈 놓고
악다구니 질러대다 목이 쉰 골짜기
잔물은 조잘조잘 낮음으로 숨 고르는데
잘 익은 가을 하나가 툭, 야무진 소리 하나를
얹어 놓는다.

# 다리

언제나 생각의 끝은 미로였다
가끔은 아득하고 때론 벅차올랐다.

인디언 부족의 마을처럼 강줄기 따라
1구, 2, 3, 4, 5 구, 도래도래 띠를 이은
고향 마을 간이역 같은 만경강 다리

꽁보리 시래기 밥 싫다고 은갈치 같은 손등에
얼룩이 지던 계집애 서울행 버스에 몸을 싣고
목메기 같은 순한 눈의 꼴 머슴애
시계꽃목걸이 걸어주며 신랑 각시 하자더니
풀벌레처럼 울며 떠나간 곳

닷새 장날이면 세상눈에 어두운 근동의 푸성귀 같은
귀와 입들 펄럭펄럭 다리목을 향하면
난장에서 털갈이를 하는 탁목조들 잽싼 눈짓
이고 지고 걸어온 봇짐을 낚아채 한낮을 쪼아댔다

새로운 것은 그 길로 밀려오고 밀려가며
깊은 자정을 흔들었다
먹물 먹은 이들은 혁명군처럼 우렁차게 떠나가고

우데기 같은 남루를 털고 떼기 밭을 떠나는 이들은
눈물로 떠나갔다

더디 가던 세월의 삶의 앓이가 켜켜이 쌓여
화석이 된 다리
네 바퀴의 멈춤 없는 무두질에
무던한 듯 이정표로 서있는데, 감꽃이 한가로이
뒹구는 순한 바람에도 돌아오는 이는 없었다.

눈썹 꼿꼿한 남자, 인연이란 질긴 끈을 잡고
저 다리를 건너왔고, 유월의 야차들 광기를 비켜
고향을 떠나온 아버지는 그 잠깐의 타향이
눈 까만 저 어린것들 고향 되어 버렸다고...

애 삭이던 가슴에 안채처럼 들여 살던 고향을
아버지 얼굴 같은 맑고 고운 흰 국화꽃 속에
저 다리를 건너가셨다

어디가 끝일까  어디쯤에 멈출까
오늘도 건너야 하는 인생이란 긴 다리

# 손

곱지 않은 손이 부끄러워
숨기려고만 했지

우심방 좌심방 흘러내린 수맥은
木 火 土 金 水 月丘와 平原을 돌아
五岳의 봉우리에 대를 이은 지문이 맺혀
흐르다 불거진 산맥은
내 엄마 고단한 한생이 쌓인 굽은 잔등이

씨줄 날 줄 난맥처럼 엉긴
골진 무늬는 제 살 파먹고 사는 게
인생이더라고 쓴웃음으로
퉁 치던 내 아버지 얼굴

눈썰미 좋은 내손 횃불 하나 밝히질 못해
느릅나무껍질 같은
내 세월 읽다 보면 입안에 가시가 돋아
위로처럼 손톱 위에 돋 새긴 꽃들
가끔 별들의 입술이 머물다 갔지

솟았다 허물어진 산맥

갈기를 세운 사나운 바람에
나래가 꺾여도 돋아나는 맥박들
기도를 배우지 못한 손안에도
골골이 수맥은 돌아
새 움이 터지는 내 영혼의 눈

# 바람

지층을 허물고 간 세월
여기가 성지인가 웅혼한 재실祭室
발길이 끊긴 지 오래다

난새 들새, 낯 설은 눈썰미들
명절 때면 눈곱을 뗀 족보가 줄을 서고
장죽을 문 헛기침이 용마루 긴 허리에
노적처럼 쌓이던 곳

가로왈 세로 왈, 날 저물도록
주렴을 꿰던 사군자 매화타령에
추임새를 넣던 추녀 끝 풍경
입술이 닳았다

빈 뜨란, 웃자라 목이 휜 꽃들
잠자리 떼 한낮이 어지럽고
나래를 편 서까래에 새 한 마리
앉고 있는 사위를 콕콕 좆는다.

생각은 오래 묵어야 명품이라고
귀밑머리 어린 새댁에 이르던

밤낮없이 키 자라던 양반의 위의威儀
안색을 바꾼 물결에 에돌다 먼 길에 들고

허망의 집을 짓은 즐비한 문패들
비문에 새긴 현란함은 내 생의 여벌옷이런가.
닫아 걸은 문에 녹슨 자물쇠
부스럼 같은 세월의 뒤 굽을 물고

눈치 없는 바람이 깨금발을 한다.

■□ 평설

# 바다가 전하는 안부

이송희(시인)

## 1.

군산시인포럼 네 번째 동인지 『바다의 메일』을 읽으며 생태적 장소로서 '바다'가 직면한 현재의 상황과 미래를 조심스럽게 들여다본다. 바다는 지구 환경 최후의 보루이자 환경지킴이이기도 하지만 개별적으로는 그립고 소중한 순간들이 머물러 있는 서정적인 공간이기도 하다. 그런 까닭에 바다는 닿을 수 없는 저 너머의 세계를 꿈꾸거나 돌아오지 못하는 이들을 애도하고 위로하는 장소로서의 의미로 충만한 곳이다. 그러나 늘 위험성을 동반하는 바다는 그 넓이와 깊이로 인해 삶과 죽음이 공존하는 희기동소喜忌同所의 공간이기도 하여 설렘과 희망을

주는 동시에 긴장과 불안을 동반하는 곳이기도 하다. 그러나 이러한 바다가 신음하고 있다.

인류 생존을 위협하며 멸종을 앞당기는 지구 온난화와 기후 위기의 심각성이 커지고 있는 가운데, 수온과 해수면이 상승하면서 온갖 재난을 일으키고 있다. 바다가 심각하게 오염되면, 자연의 리듬이 깨지고 그 대가는 고스란히 인류가 감당하게 된다. 바다는 지구의 숨탄것들을 살게 하는 생명의 뿌리이기 때문이다. 지구를 숨 쉬게 하고 피가 돌게 하는 바다에 대한 관심은 바로 '나'이면서 '우리'에 대한 관심이다. 바닷가에 서 있기만 해도 바다의 숨소리를 온몸으로 느꼈던 시절이 화석이 되려 한다. 생물과 무생물의 정교한 맞물림으로 구조화되어 있는 완벽한 자연 생태계로서의 바다는 인류가 지켜내야 할 마지막 희망이다. 오늘의 바다에서는 건강한 생장과 안온한 소멸을 담보하기 어렵다.

갯비린내가 살아있는 싱싱하고 건강한 바다, 바다 앞에서 미래를 꿈꿨던 시절, 바다를 배경으로 한 수많은 존재들을 만나고 보내면서, 여전히 바다를 노래하는 시인들이 있다. 바다를 품은 시인들의 시편에는 오염되어 가는 우리 삶의 현장을 공유하거나, 바다의 이미지를 통해 삶에 성찰을 담아내는 다양한 사유들이 담겨 있다. 바다의 메일함을 열어 보기로 하자.

2.

이불속에서 누르께한 바닷물이 쏟아졌다
삽시간에 침대가 젖더니
놀란 아파트를 삼킨다

바다는 기다렸다는 듯이 숲으로 간다

잠자던 풀들이 일어나고
새는 젖은 날개를 푸드덕거린다

시간이 수평으로 젖는다

수평 위로 부유하는 쓰레기들

에세이를 쓰고 있는 고래의 사색이 깊어진다
화가 불길처럼 치솟아
백스페이스를 누른다

모든 것들이 화면에서 지워진다

온갖 것들이 태초의 순간으로
되돌아간다

– 문화빈, 「에세이를 쓴 고래」 전문

　에세이Essay는 주로 진중한 주제를 논리적이고 객관적으로 다루는 일상 생활문이다. 이 시에서 에세이를 쓰는 주체는 고래다. 시인은 시의 도입에 "이불속에서 누르께한 바닷물이 쏟아"지더니 "삽시간에 침대가 젖"고 급기야는 "놀란 아파트를" 삼키더니 "기다렸다는 듯이 숲으로" 가는 과정을 보여준다. 우리가 휴식을 취할 수 있는 침대나 이불속이라는 공간에서 출발한 이유는 인간이 편의를 추구하는 과정 속에서 위기의식을 느끼지 않고 심각성을 인식하지 못한 채 자연과 환경을 아무렇게나 오염시키고 있음을 드러내기 위한 장치로 읽는다. "누르께한 바닷물"은 삽시간에 도시는 물론 숲과 바다까지 오염시킨다. 고래는 환경오염의 지표를 보여주는 존재다. 시에서는 백스페이스로 되돌아갈 수 있지만 그것은 어디까지나 상상 속에서나 가능한 일이다. 고래는 물고기뿐만 아니라 온갖 잡다한 해양 쓰레기를 먹다가 탈이 나거나 죽는다. 고래의 위장에서 온갖 쓰레기가 나왔다는 기사는 수도 없이 많다. 엄밀하게 보면 고래의 모습이 인간의 미래다. 자연의 일부인 인간은 자연을 오염시킴으로써 서슴없이 인간 스스로를 자해하는 것이다. 자연의 이치는 순환이기 때문이다. 그렇지 않으려면 우리가 다시 태초로 돌아가야 한다. 한 번 문명의 이기利器를 맛본 사람들은 태초로 돌아가기를 원치 않는다. 이 안타까운 상황을 고래의 언어를 통해 간절하게 이야기하고 있다.

 냉장고 문을 열면
 주둥이 큰 유리병에 마른 멸치
 마른 숨 몰아쉬며
 입김을 뿜어낸다

 선사시대 무명의 미이라처럼
 썩지 못할 주검으로
 고물고물 뼛가닥을 세우고

 청천을 등지던 학꽁치
 휘파람 불던 뿔소라
 등 곧게 아직도 탁한 물살 헤치고 있을까

 대양의 파도 소리
 굳게 덮인 뚜껑으로 결박한 채
 죽음의 무게를 더듬고 있다

 하고픈 밀들이
 목줄기를 타고 오르다 터져
 숨통마저 끊겨버린 것일까

〈
뒤틀어진 엽기적 주검들이
김 서린 유리병을 두들기며
고향을 소환한다

- 윤명규, 「바다 생각」 전문

  냉장고는 문명이 낳은 이기利器의 산물 중 하나다. 냉장고로 인해 온갖 위장병이 발생한다고 해도 지나치지 않다. 자연에서 채취한 신선한 식재료를 바로 섭취하는 게 아니라, 냉장고에 식재료를 오래 보관하면서 오히려 냉장고 때문에 우리는 싱싱한 식재료를 바로 먹지 못하고, 오래되어 변질되기 직전인 음식을 먹는 경우가 많다. 바다에서 건져 올린 해산물을 싱싱하게 보관하기 위해 냉장고를 만들었지만, 막상 냉장고는 싱싱한 음식물을 섭취하는 것을 자꾸만 유예하게 만든다. "냉장고 문을 열면" 그 안에 "주둥이 큰 유리병에 마른 멸치"가 "마른 숨 몰아쉬며" 입김을 뿜어내고 있다. 시인은 그것을 마치 "선사시대 무명의 미이라"와 같다고 표현한다. "썩지 못할 주검으로" "고물고물 뼛가닥을 세우고" 있는 그것을 우리가 먹는다. 통조림이 된 학꽁치와 뿔소라도 사정은 다르지 않다. 우리가 먹는 것은 말라 삐뚤어진 멸치나 통조림 꽁치나 뿔소라인데, 모두 엽기적인 주검들이다. 우리는 이것들을 "굳게 덮인 뚜껑으로 결박한 채", "죽음의 무게를 더듬"으며 흥정을 한다. 해산물은 바다를 품고 있어야 하는데 바다의 싱싱함이 느껴지지 않는다. 밀폐 용기에 주검들을 가두고 썩기 전에 먹는다. 주검의 무게를 흥정하고 영양소를 따져가면서 그것을 먹고 살아가는 이유는 생존을 위해서다. "뒤틀어진 엽기적 주검들이" "김 서린 유리병을 두들기며", "고향을 소환"하는 것 같은 판타지 속에서 시인은 문명의 이기 속에 살아가는 아이러니한 환경과 우리 자신을 돌아본다.

    더 끄슬릴 것도 없는 얼굴을
    햇빛 가리개로 가린
    동티모르의 사나이

    길을 묻는 말에 애써 피하며
    그쎈미소*로 땀방울을 흘리면서
    찢어진 어망을 깁고 있다

    옆에서는 집게다리를 높게 들며
    괴발개발 그물 사이를
    헤집고 다니는 달랑게가 재바르다

    바다가 겨우 뭉쳐놓은 모래성 위에
    노을 한 조각

물고 날아오는 갈매기

살림살이는 나아지기는커녕
하얗게 질린 파도 발자국만
덩그러니 통장에 찍혀있다

밀려오는 그리움
휴대전화에 내장된 두 살배기 아들
얼굴 위로 주르륵 쏟아진다

\* 그쎈미소: 눈은 웃지 않고 입으로만 웃는 모습, 가짜 미소

— 이서란, 「무녀도 갈매기」 전문

동티모르에서 온 외국인 사나이(노동자)가 바닷일을 하고 있다. "길을 묻는 말에 애써 피하"면서 "그쎈미소로 땀방울을 흘리"며 "찢어진 어망을 깁"는 사내에게는 두 살 된 아들이 있다. 열심히 일해서 조국의 가족에게 돈을 보내는데, 상황은 너무 고단하고 척박하다. 먹고 살기 위해서 정처 없이 떠도는 존재로서의 갈매기와 사내는 다를 바 없다. 아무리 일해도 살림살이가 나아지지 않는다. 한때 유행처럼 번졌던 3D 직종은 고스란히 외국인 노동자들의 몫이 된 지 오래다. 사람들은 위험하고 지저분하고 어려운 일들은 기피하려고 하기 때문이다. 이 사

내가 해야 할 일은 물고기를 많이 낚는 것인데, 생각처럼 쉽게 되지 않는다. 그러나 시인은 고단한 타인의 삶은 결국 우리의 이야기라는 점을 말하고자 했던 것으로 보인다. 외국인 노동자의 삶은 다른 방식으로 보면 우리의 이야기다. "하얗게 질린 파도 발자국만 덩그러니" 찍힌 통장은 생계가 녹록하지 않고 겨우겨우 버텨내는 삶을 표상한다. 모래성 역시 마찬가지로 금방 허물어질 수 있는 삶을 보여주는 기제다. 지금까지 쌓아 올렸던 경제적 기반 등이 금방 무너질 수 있다는 것을 모래성에 빗대어 표현하고 있으니 얼마나 상황이 위태로운지 알 수 있다. 그런데 포기할 수 없다. 두 살배기 아들 때문이다. 밀려오는 그리움으로 고단한 삶을 건져 올린다.

  실개천에 태어나
  강을 지나 바다로 나가 보았다

  섬으로 가는 길은
  빛 한 점 들지 않는 심해의 터널

  바다가 환해질수록 쌓이는 어둠,

  투잡, 쓰리잡을 해도 멀어지는 섬
  성장하는 물고기 포기부터 배워

삼포, 오포, 칠포 세대로 이어지다

  다포 세대가 되어가는 요지경 바다 속


  그 속에서

  남이 아닌 내가 되어

  하찮은 조개껍질을 모으며

  나만의 바닷길을 만들어 가고 있다

      - 김차영, 「길을 찾아가는 바다」 전문


 연어는 산란을 위해 바다에서 출발해 강을 거슬러 올라가 알을 낳는다. 알에서 깨어난 치어들은 실개천에서 강을 거슬러 바다로 돌아간다. 물길 따라 더 넓은 세상으로 넘어간다. "섬으로 가는 길은", "빛 한 점 들지 않는 심해의 터널"이며, 더 큰 바다로 넘어갈수록 어둠은 깊다. '섬'은 그들의 욕망이며 목표이며 희망이다. 이제 사회에 나온 어린 연어들이 생활하고 적응해 나가는데, 어려움이 많아서 그만큼 포기하며 살아가기도 한다는 것을 말하려는 듯하다. 포기를 먼저 배우기는 하지만 어떻게든 살아남기 위해서 나만의 바닷길을 만들어 간다. "투잡, 쓰리잡을 해도 멀어지는 섬"을 보면서 성장통을 겪는 사회 초년생으로서의 존재들이 여기 있다. 세상이 만만하지 않다는 것을 드넓게 펼쳐진 바다에 와서야 실감하게 되는 것이다. 길은 찾고자 하면 언제라도 있으나 찾고자 하지 않으면 절대 보이지 않는다. 바다 위 모진 풍파를 견디는 법을 스스로 터득해 가는 연어 같은 존재는 바로 '우리'다. 그런데 길을 찾아가는 이 과정에서 하찮은 조개껍질을 모으는 이유는 무엇일까? 조개껍질은 사회생활을 위한 밑천 같은 것을 의미하는 듯하다. 하찮아 보이지만 이것이 없으면 삶을 버텨내기 쉽지 않다. 어떻게 살아야 하는지를 스스로 찾아가야 한다. 아무도 알려주지 않는다. "남이 아닌 내가 되어" 스스로 길을 찾아가야 한다는 다짐이 여기 있다.

> 소리치며 파도는 달린다
>
> 닿았다 사라지는 거품 같은 내일
>
> 너를 붙잡기 위해 저 멀리에서
>
> 멍든 몸을 넘고 넘어 처절히 사무친다
>
> 고비마다 부서지고 깨지면서
>
> 다가서면 돌아보지 않고 늘 그만큼의 거리로 도망치는
>
> 끝나지 않는 전쟁
>
> 술래 같은 널 잡으려 달려들면
>
> 모래 속으로 모레로 가고
>
> 글피로 사라진다
>
> 가까이 있지만 결코 오지 않는 너
>
> 어제를 부정하며 오늘도 미친 듯 뛰지만
>
> 끝은 늘 허무에 찬 미지수

〈

오기로 약속했지만 끝내

오지 않을 두터운 내일이라 해도

포기는 없다 파멸될지언정*


잃어버리는 게 아니다

놓아주는 것이고

지나가는 것이며

잊어버리기 위함이라고

애써 넘실대며 내일을 향해

오늘도 쉼 없이 짠 눈물에

쓸 말을 찾아 흐느낀다

— 김충래, 「치열한 바다」 전문

파도는 해안가에 들어왔다 나가기를 반복한다. 닿을 듯 말 듯 하다 가버리고, 부서지고 깨지며 다가왔다가 다시 빠지면서 쉼 없이 움직인다. 시인은 이러한 파도를 "닿았다 사라지는 거품 같은 내일"로 비유한 듯하다. '내일來日'은 아직은 오지 않았으나 곧 오게 될 날이다. 하지만 파도는 절대 멈추지 않고 쉽게 머물지 않는다. "너를 붙잡기 위해 저 멀리에서" "멍든 몸을 넘고 넘어 처절히 사무"치지만, "고비마다 부서지고 깨지면서" "다가서면 돌아보지 않고 늘 그만큼의 거리로 도망치는", 파도는 마치 "끝나지 않는 전쟁" 같다. 우리가 아무리 애쓰고 노력해도 채워지지 않는 것들이 있다. 파도는 오는 길에 부서지고 하지만 끊임없이 왔다가는 희망 고문과 같다. "술래 같은 널 잡으러 달려들면" "모래 속으로 모레로 가고 글피로 사라"지는 것들을 절대 붙들 수 없다. 욕망은 우리가 살아 있으니 품는 것이다. 부재나 결핍이 채워지면 우리는 소멸하고 만다. 그러니 우리가 욕망하는 것들은 손 닿을 수 없는 곳에 있다. 내가 원하는 것은 오지 않아서 짠 눈물을 흘리며 쓸 말을 찾아 흐느끼며 살게 되는 것이다. 사는 동안 완성은 없다. 애초부터 부재나 결핍을 가지고 태어났기에 살아갈 수 있다. 이는 음양陰陽을 모두 아우를 수 없다는 의미로, 음양이 동체同體이자 동시同時로 존재하긴 하나, 음양이 서로를 품어 음양의 영역을 모두 잃게 되면 결국 음양은 사라지면서 삶도 끝나버리기 때문이다.

    얼굴 모양

    이상 표정이 다르듯

    물의 깊이 결이 다르고

    소리 높이도 모두 달랐지만

    심장을 담은

    파도 소리의 느낌은 모두 같았어

〈
사람이 만든 바닷길에

새들이 모여 살고

제비꽃 향기를 품고 있는

온기를 느낄 수 있었지

익어가는 표정들

바이올린처럼

내 곁에 값진 사람으로 남았으면…

— 나채형, 「바다4 – 간월도」 전문

"심장을 담은/ 파도 소리의 느낌은 모두 같았어"라고 말하는 이 대목이 시의 핵심 아닐까? 얼굴 모양도 다르고 표정도 다르고 물의 깊이와 결이 다르듯 소리의 높이도 모두 달랐지만 섬에서 들려오는 파도 소리는 모두 같았다고 시인은 말한다. "사람이 만든 바닷길에"는 새들이 모여 살고 제비꽃 향기도 있다. 비로소 주체가 바다의 심장을 품은 것이다. 그렇다면 파도 소리는 바다의 심장이 뛰는 소리가 된다. 이것은 바로 바다가 있어 우리도 존재한다는 것을 암시하려는 의도일까? 바다는 소중하므로 "내 곁에 값진 사람으로 남았으면" 하는 바람이 간절하게 담겼다. 바다 이미지를 풍성하게 품으면서 바다와 일체화되는 삶을 그린 시인의 시선은 「치열한 바다 – 바람의 언덕」에서 "코발트 블루색의 바다"를 꿈꾸는 장면으로 이어진다. 배경은 "피아노곡 은파가 거닐고 있"고, "청량함이 뜨거운 심장을 다독여" 주는 곳이다. 뒤이어 "상큼한 라임이 바구니를 가득 채워 주었고", "하와이 古저택을/ 위스키 잔에 담아 나누어 마"시는 장면이 펼쳐진다. "넘치지도 모자라지도 않"은 기도 소리가 울려 퍼진 그곳에서 주체는 "당신이 있었기에 우리가 있"는 것이라고 말한다. 여전히 "돌고래 떼"가 "건반 위에" 있고, "내 손엔 우쿨렐레가 튕겨지고 있"다는 상상을 한다. "옹색한 시간을 견뎌온 생명"의 소리를 주체는 듣고 노래하고 연주한다. 과연 "봄이 왔다고 너울너울 춤을" 출 수 있을 것인가? 아름다운 소리가 있는 장면은 주체의 상상이거나, 지나온 바다에 대한 회상이거나, 우리가 바라는 바다의 미래일 수 있다.

    늘 흔들리는 몸
    늘 방황하는 마음

    멀리 달아날까봐
    바람 불면 더 멀리 날아갈까봐

    생을 지상에 꼭꼭 묶어놓은 선

고무줄 하나

흔들리는 바다에 늘었다 줄었다
몸을 재단하듯

눈물을 닦아주고
보폭을 맞추며

긴 세월 홀로 가는 바다를
꼭 안고 있다

— 문화인, 「수평선」 전문

  수평선은 바다의 균형을 잡아 주는 조율사 같은 역할로 존재한다. 한쪽으로 쏠리지 않게, 그러면서 계속 앞으로 나아갈 수 있도록 조율해 주는 버팀목 같은 역할을 하는 듯하다. 바다는 "늘 흔들리는 몸"이고, "늘 방황하는 마음"을 지녔다. 주체는 수평선을 이 몸이 "멀리 달아날까봐", "바람 불면 더 멀리 날아갈까봐", "생을 지상에 꼭꼭 묶어놓은 선", 즉 "고무줄 하나"에 비유한다. 그것은 고무줄처럼 "흔들리는 바다에 늘었다 줄었다" 하고 "눈물을 닦아주고 보폭을 맞추며", "긴 세월 홀로 가는 바다를" "꼭 안고 있"는 동반자이며 버팀목으로 존재한다. 우리에게도 우리의 몸을 재단하듯 몸에 맞춰 조율해 주는 동반자 같은 존재가 있을 것이다. 한쪽으로 치우쳐 넘치지 않도록 조율하면서 살아가야 무탈하다는 삶의 깨달음을 수평선을 통해 새삼 전하려는 것이다. 짧은 호흡으로 펼쳐지는 율동의 언어가 파도치는 바다의 시각적 이미지를 선명하게 부각시킨다. 이렇게 생동감 넘치는 이미지는 「바다」라는 시에서도 펼쳐진다. 이 시에서 바다는 "숨 막힐 듯/ 광활한 푸른 서고"에 비유된다. 주체는 "발아래 던져준/ 하얀 종이 조각 한 줌"을 집어 들고 "손바닥에 온통 눈물자국만 남겨놓고서" 어디론가 떠나갔을 존재들을 생각한다. 바다의 포말泡沫이 군데군데 흩어져 있는 것을 새들의 눈물방울로 묘사한 감각이 빛나는 시다. 마지막으로 시인은 이 환한 포말을 읽어줄 것을 우리에게 주문하며 바다를 그린다.

> 백천 지류가 바다에 이르듯
> 바람 잦았던 세월도
> 너에게로 향한 몸짓이었지
>
> 퍼내지 않고는 어쩔 수 없는
> 가슴에 넘치는 샘물
> 무수히 별을 적셔도
> 너의 두레박 끈은 늘 짧기만 하고
> 〈

먼 물금자리에
홀로 떠 있는 섬처럼 속내를 꽁꽁 싸맨 너
난, 떨어져 나온 유빙처럼 휘돌고 있었어

오랜 기다림에 들피진 몸
때론 나만의 동굴에 갇혀
온몸에 비늘을 뜯어내는 동안

쉼 없이 꼬리를 흔들어 대던 앙칼진 바람
너의 깊이를 재단(裁斷)하고 있었지

긴 만행에서 돌아온 수도승처럼
가늠할 수 없었던 무심
어제도 내일도 아닌, 숨 고른 오늘만큼만
가슴을 질러오는 해빙선 고동소리

느직이 열린 귀
마주한 떨림으로
고적한 그믐 바다를 건너고 있었어.

  － 윤정희, 「내게 바다는」 전문

바다에 다다르면 물살이 잠잠하다. 경사가 지지 않기 때문이다. 그러나 바다는 생이 끝나는 자리이면서 죽음

다음의 새로운 탄생이 기다리고 있는 곳이기도 하다는 점에서 아이러니한 공간이다. 주체는 "먼 물금자리에/ 홀로 떠 있는 섬처럼 속내를 꽁꽁 싸맨 너"로부터 떨어져 나와 "유빙처럼 휘돌고 있"는 상황이다. 나는 너에게서 떨어져 나왔지만 너의 주변을 휘돌고 있다. 꽁꽁 얼었던 바다가 녹고 있다. "느직이 열린 귀", "마주한 떨림으로" "고적한 그믐 바다를 건너고 있"는 지금, 바다는 주체에게 어떤 존재일까? 그믐 바다는 어둑하므로 위험하여, 배가 전복 혹은 침몰할 수도 있는 아찔한 상황이다. 그러나 그믐의 바다는 위태롭지만 건너야 한다. 그래야 너에게도 닿을 수 있으며 나에게도 이를 수 있다. 여기서 '너'는 사랑일 수도, 연인일 수도 있으며, 꿈일 수도 있고, 또 다른 미지의 세계일 수도 있다. 그런데 너에게로 가는 길은 너무 험난하다. 그럼에도 가야 하는 것은 숙명이기 때문이다. 이러한 숙명적인 삶은 「그날의 바다」에서 뱃사람들의 고단한 삶을 이야기하는 과정 속에서 구체화 된다. 바다 위의 삶은 멀리서 보면 낭만적일지 모르지만 가까이에서 보면 무엇보다 벅차고 위험하다. "잔물결이 노를 젓는/ 억겁의 시간 위에 흔들리는 배"를 타는 "해풍에 그을린 낯선 사내"의 삶은 목숨을 걸어야 하는, "살 터지는 그날그날"이기에 더욱 그러하다.

3.

 '바다'을 소재로 한 군산시인포럼의 시에는 지나간 시간에 대한 그리움이 있다. 과거의 바다는 초록 생명이 움트는 곳이었고 뭇 생명에 대한 사랑으로 출렁이는 곳이었으며, 유년의 푸른 기운이 살아있는 곳이었다. 지금은 그 바다가 기후 재난은 물론 핵처리 오염수를 비롯한 각종 쓰레기들로 참혹한 공간이 되어가고 있지만, 시집 속 시들은 한결같이 바다를 품고 수평선 너머의 시간을 꿈꾼다. 이러한 과정에서 누군가는 바다의 병든 모습을 안타까워하고 또 누군가는 우리가 다녀갔을 발자국을 따라가 보기도 한다. 이 모두는 지금 우리가 잃어버린 상생과 치유의 가치를 발견하고 삶을 살아내기 위한 과정이 아닐까. '바다'라는 공간이 인류의 생명과 직결되는 삶의 근원으로서의 상징성을 갖는다는 점에서 군산시인포럼의 행보는 가히 의미와 가치가 있다. 의미 있는 행보를 이어가는 이들의 힘의 원천은 근본적으로 삶을 따뜻하게 바라보고 대상을 품는 데서 비롯된다고 할 수 있다. 개성적인 화법과 비유로 '바다'를 품는 시들을 읽으며 바다의 시간을 성찰해 본다. 바다에 푸른 발자국을 새기며 밀려왔다 사라지는 파도의 문장을 읽어가는 군산시인포럼의 빛나는 미래를 떠올려 본다.